Иже херувимы

Song of Cherubim/Cherubinischer Lobgesang

Krzysztof Penderecki
I/II 1987

Krzysztof Penderecki

Иже херувімы

Song of Cherubim
Cherubinischer Lobgesang

Mixed Choir (SSAATTBB) a cappella
Gemischter Chor (SSAATTBB) a cappella
Score / Partitur

SKR 20020

Иҗє херѹвїмы

Иҗє херѹвїмы̀ та́йнѡ ѡбра́з8юще,
и животвора́щєй Тро́ицѣ трисвѧт8ю
пѣ́снь припѣва́ющє, всѧ́кое нынѣ
житє́йскоє отложи́мъ попечє́нїе.
Ꙗ́кѡ да царѧ̀ всѣ́хъ поди́мемъ,
а́нгельскими неви́димѡ
дорѹноси́ма чи́нми.
А̓ллилѹ́їа, аллилѹ́їа, аллилѹ́їа.

Song of Cherubim

Let us the cherubim mystically representing,
and unto the life-giving Trinity
the thriceholy chant intoning,
now lay aside all earthly care:
That we may raise on the King of all,
by the angelic hosts invisibly attended.
Alleluia, alleluia, alleluia.

Iʒə xəruvimy

Iʒə xəruvimy tajnɔ ʌbrʌzujuʃʧə
ı ʒivɔtvɔrjaʃʧəj Trɔicə trisvjituju
pjæsn' pripjivajuʃʧə, vsjakɔjə nynjə
ʒitjæjskɔjə ʌtlʌʒim pɔpjiʧenijə.
jakɔ da carja vsjæx pʌd'jimjem
angelskimi nividimɔ
dɔrinʌsimɔ ʧinmi.
ʌlliluïɔ, ʌlliluïɔ, ʌlliluïɔ.
(API)

Cherubinischer Lobgesang

Die wir die Cherubim geheimnisvoll darstellen
und der Leben spendenden Dreifaltigkeit
den dreimaligen Lobgesang singen,
wollen wir von uns werfen alle irdische Sorge.
Denn den König des Alls empfangen wir,
der von Engelsscharen unsichtbar auf Speeren getragen wird.
Alleluja, alleluja, alleluja.

The transliteration into english must be checked on the basis of API.
Die Transliteration ins Englische muß mit der API verglichen werden.

Ausspracheregeln der englischen Transliteration im Deutschen:

zh	= ʒ	= g wie in Garage	x	=	ch wie in doch
sh	= ʃ	= sch	y	=	j
ch	= ʧ	= tsch	n'	=	nj (palatisiert)
shch	= ʃʧ	= schtsch	d'	=	Sprachfuge hinter dem Buchstaben

Duration: ca. 8 minutes
Aufführungsdauer: ca. 8 Minuten

Дорогому Славе к 60-ому юбилею посвящено
For the dear Slava on his 60th birthday
Mstislav Rostropovich zum 60. Geburtstag

First performance/Uraufführung
March 27, 1987/27. März 1987
in Washington, D.C.

by/durch: Choral Arts Society of Washington,
conducted by/geleitet von
Krzysztof Penderecki

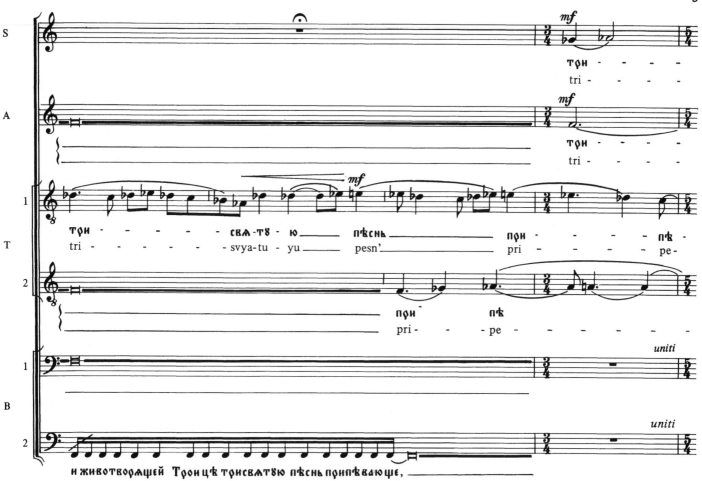

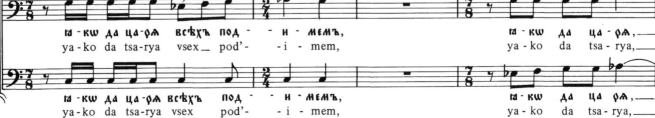

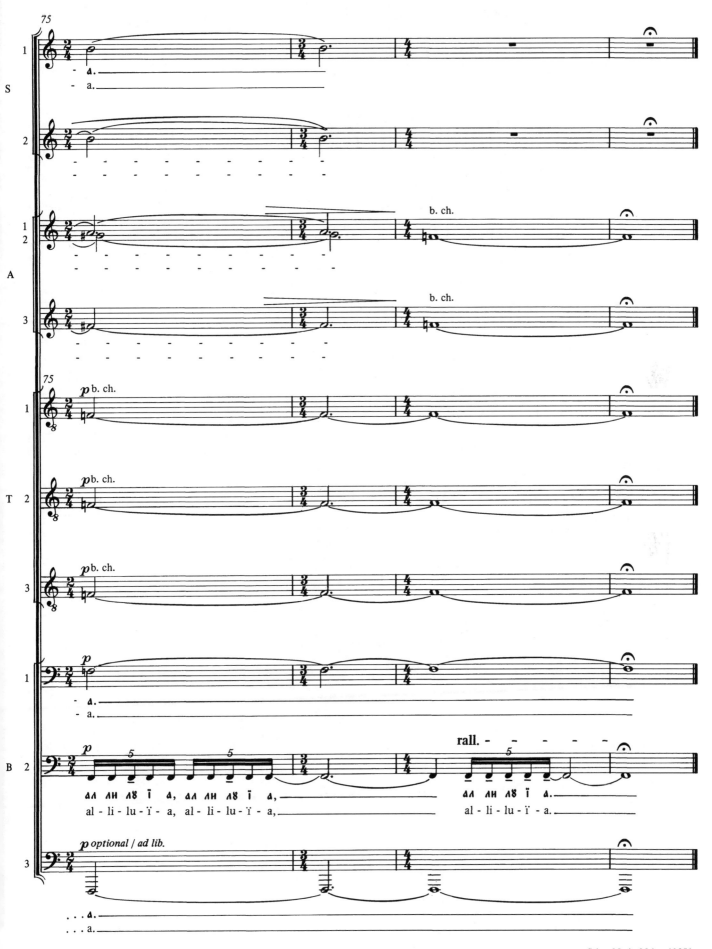

SCHOTT Kammerchor-Reihe
SCHOTT Chamber Choir Series
Music of Our Time

Helmut Barbe
Drei Nachtstücke
(Li-Tai-Pe/Klabund)
SSAATTBB • SKR 20503

Hans-Jürgen von Bose
Karfreitags-Sonett
(Andreas Gryphius)
SATB • SKR 20016
Todesfuge (Paul Celan)
SSAATTBB mit Bariton-Solo
und Orgel • SKR 20022
*Vier Madrigale aus
„Die Leiden des jungen
Werthers"*
SSATB • SKR 20015

Claude Debussy
*Trois Chansons de Charles
d'Orléans*
SATB • SKR 19006

Petr Eben
– *Psalmi peregrini* (Bibel)
SATB • SKR 20043
Verba sapientiae
SATB
– *De circuitu aeterno*
(Liber Ecclesiastes)
SKR 20026
– *Laus mulieris* (Liber
Proverbiorum)
SKR 20027
– *De tempore* (Liber Ecclesiastes)
SKR 20025

Jean Françaix
Trois Poëmes de Paul Valéry
SSAATTBB • SKR 20008

Hans Werner Henze
*Hirtenlieder aus der Oper
„Venus und Adonis"*
(Hans-Ulrich Treichel)
SMezATBarB • SKR 20046
Orpheus Behind the Wire
(Edward Bond)
SSSAAATTTBBB • SKR 20007

Kurt Hessenberg
Christus, der uns selig macht,
op. 118 (Michael Weiße)
SSATBB • SKR 20017
Psalm 130, op. 134
SATB • SKR 20024
Tröstet mein Volk, op. 114
(Jesaja 40, Erasmus Alber)
SSATBB • SKR 20005

Paul Hindemith
Zwölf Madrigale
(Josef Weinheber)
SSATB
Heft 1 Nr. 1-4 • SKR 20031
Heft 2 Nr. 5-7 • SKR 20032
Heft 3 Nr. 8-9 • SKR 20033
Heft 4 Nr. 10-12 • SKR 20034

Wilhelm Killmayer
Sonntagsgeschichten (Killmayer)
SATB
– *Sonntagsausflug*
SKR 20013
– *Sonntagsgedanken*
SKR 20014
– *Sonntagsnachmittagskaffee*
SKR 20004
Vier Chorstücke
SATB mit Soli (SATB)
SKR 20029

György Ligeti
Drei Phantasien
(Friedrich Hölderlin)
SSSSAAAATTTTBBBB
SKR 20003
Magány (Sándor Weöres)
SABar • SKR 20019
Magyar Etüdök (Sándor Weöres)
SSSSAAAATTTTBBBB
SKR 20006
Pápainé (ung. Volksballade)
SATB • SKR 20018

Krzysztof Penderecki
Agnus Dei (Ordinarium Missae)
SSAATTBB • SKR 20002
Cherubinischer Lobgesang
(russische Liturgie)
SSAATTBB • SKR 20020
De profundis (Psalm 129,1-5)
SATB/SATB/SATB • SKR 20039
Veni creator (Hrabanus Maurus)
SSAATTBB • SKR 20021

Heinrich Poos
Epistolae (Bibel, Martin Luther)
SSSAAATTTBBB mit Soli (SSSA)
SKR 20041
Hypostasis vel Somnium Jacob
(Bibel)
SSATBB • SKR 20035
Orpheus' Laute
(William Shakespeare)
SSATB/SSATB • SKR 20044
Sphragis (Ovid, altfranzösisches
Chanson)
SSATBB • SKR 20009

Aribert Reimann
Auf verschleierten Schaukeln
(Hans Arp)
SATB • SKR 20010
Nunc dimittis (Canticum
Simeonis)
SSAATTBB mit Bariton-Solo
und Bassflöte • SKR 20504

Christian Ridil
Nachts (Horst Lange)
SSAATTBB • SKR 20001

Dieter Schnebel
Amazones (Heinrich von Kleist)
SSMezAA • SKR 20038
Motetus
SATB/SATB • SKR 20028

Arnold Schönberg
Dreimal tausend Jahre, op. 50 A
(Dagobert D. Runes)
SATB • SKR 19007
Friede auf Erden, op. 13
(C. F. Meyer)
SSAATTBB • SKR 19008

Rodion Shchedrin
Concertino
SATB • SKR 20040

Wolfgang Steffen
Tagnachtlied, op. 50
(Lothar Klünner)
SSSSAAATTTBBBB • SKR 20502

Pēteris Vasks
Litene (Uldis Berzins)
SSSAAATTTBBBB • SKR 20030
Three Poems by Czeslaw Milosz
ATTB • SKR 20036
Zemgale (Mara Zalite)
SSSSAAATTTBBB • SKR 20037

Roland Willmann
Nox et tenebrae et nubila
(Aurelius Prudentius)
SSAATTBB • SKR 20501

Eric Ericson gewidmet

Drei Phantasien
nach Friedrich Hölderlin

György Ligeti
(1982)

I Hälfte des Lebens

ISMN 979-0-001-10150-9 | SKR 20020

ISBN 978-3-7957-9587-0 | SKR 20020

DISTRIBUTED IN NORTH AND SOUTH AMERICA
EXCLUSIVELY BY
HAL LEONARD
CORPORATION
49012114

0 73999 68266 3